Viajando Con Extraños: Un Camino De Regreso A Ti.

Vero Arcos

© Copyright y ISBN

Vero Arcos

Lingüista y maestra en Literatura Mexicana por el Colegio de Filosofía y Letras de la Benemérita Universidad Autónoma de Puebla. Apasionada de la docencia universitaria y luchadora incansable por los derechos humanos y la igualdad entre mujeres y hombres. Creadora de contenido con perspectiva de género en redes sociales y doctora en Excelencia Docente. Pero, sobre todo, una mujer, quien también es madre y ama profundamente la vida, dispuesta a seguir reconstruyéndose a través del conocimiento que aportan a su vida las personas que están en ella por alguna razón; estirando el tiempo, abrazando amorosamente sus miedos, enfrentando sus batallas y apagando sus propios incendios, producto de la cotidianidad.

Mujer que comparte sus herramientas de vida con otras mujeres y aprovecha cada minuto de su existencia para cuestionar sus creencias, romper estereotipos de género, leer, escribir, viajar, amar a su gente, ayudar a otros y, sobre todo, ser una persona libre y valiente.

Dedicatorias:

A Lula mi espejo: volátil, épica y libre.

Para Alonso: mi silencioso y amoroso compañero de viaje.

A Israel: por su incondicional amor y

A cada extraño… que, al concluir el viaje, dejo de serlo.

CAPÍTULO I: Preparando el equipaje.

Capítulo II: Iniciando el viaje.

Capítulo III: El primer peaje, los costos a pagar.

Capítulo IV: Carril de alta velocidad, decisiones precipitadas: los rotos.

Capítulo V: Las señales, Zona de derrumbes.

CAPÍTULO VI: Ascensos y Descensos.

CAPÍTULO VII: Una nueva forma de viajar.

CAPÍTULO I: Preparando el equipaje.

Un día despiertas y te das cuenta que te encuentras con cuatro, cinco, seis o quizá siete décadas encima y te preguntas - ¿en qué momento pasó? si apenas ayer era un o una adolescente eligiendo carrera, diseñando mi proyecto de vida. ¿qué de todo lo planeado concluí y qué se quedó en el olvido? Lo cierto es que te encuentras con los años a cuestas y cada segundo, resta vida y en tu reloj personal, aparece una especie de ecuación matemática donde los años suman a la experiencia, pero el tiempo resta a la existencia y el tiempo no vivido es igual al tiempo no recuperado, por lo que aplica dividir el tiempo restante entre lo que ahora es importante. Y digo ahora, porque vamos cambiando de prioridades con los años y buscamos multiplicar lo que brinda esa sensación de estar bien; así que te apresuras y anotas en una libreta que se encuentra a la mano, tus pendientes; la vida está llena de pendientes: cuentas por pagar, asuntos por resolver y sueños por cumplir, entre otros tantos. La cotidianidad también se reduce a resolver; por cierto, te has pasado una buena parte del tiempo resolviendo y haciendo por los otros lo que, tal vez, no hiciste por ti. Pero no es momento de culpas, hiciste lo que en su momento debías o elegías hacer. Hiciste lo que pudiste con lo que tenías y frecuentemente, te olvidaste de ti. Adoptaste dinámicas que, con los años, fueron modificándose, acorde a las necesidades y responsabilidades en turno; tus sueños, en ocasiones, no tuvieron espacio para acomodarse, así que algunos salieron de tu vida y otros los postergaste tanto, mudándose en el rincón de lo olvidado. Vivimos a prisa, corriendo para todos lados, llenando nuestra agenda con tareas y actividades que perdemos la brújula queriendo abarcar tanto y olvidamos el placer que habita en las cosas simples, como disfrutar con calma una taza de aromático café, abrazar a nuestras personas queridas, una charla de amigos, una cena romántica, un festejo importante, comer sin prisa, cuidar la salud, mirar un atardecer o echar nuestro cuerpo en la cama hasta hartarnos. Dejamos de reír ante las bromas y poco recordamos lo que amábamos hacer.

Me encontraba en ese monólogo interno hablándote a ti, cuando en realidad me decía a mí misma que, el tiempo pasa a prisa entre el trabajo y los deberes y un día simplemente sientes el peso en tu espalda y las ganas de hacer cosas por ti vuelven, pero tu diálogo interno no es el mismo que el del resto y todo mundo, quien se encuentra ocupado resolviendo y apagando sus propios incendios, de tal manera que no están disponibles para ti, incluso, tus personas más cercanas. Así que decides tomar el rumbo de tu vida en tus manos, como cuando elegiste tu carrera, tu primera chamba o el inicio de una relación. Cada decisión tomada marca nuestro rumbo, a futuro.

No sabía por dónde empezar, quería hacer tantas cosas; me veía completamente sola; un trabajo de medio tiempo, hijos mayores de edad, tomando su propio camino y sin un compañero de fijo. Realmente, no sabía qué hacer con mi vida pues la rutina era una especie de ácido que me carcomía la piel. Mi vida estaba organizada, pero al mismo tiempo, tenía un hueco enorme que no sabía cómo llenar. Muchas veces planeaba cosas para vacaciones o en fin de semana, pero por una u otra razón no se concretaban. Dependía de alinear mi tiempo al de los otros creando cierta dependencia que me ponía un paso atrás de lo avanzado. Vamos creando lazos en el camino y no nos damos cuenta que se van debilitando y algunos, incluso, terminan por romperse. Me gustaba ir al cine, pero no sola. Es una sensación extraña el sentir que la gente te mira como bicho raro, o por lo menos así me sentí yo la primera vez, actuando como si estuviera esperando a alguien quien, nunca llegó. Las siguientes ocasiones todo fue más sencillo, realmente ya no miraba a la gente, sino la dulcería y el combo de palomitas y nachos que me comería con bastante cebolla, jitomate y chile. Ya sé que los nachos no se preparan como los hot dogs, pero me encantaba comerlos así. Después de ir al cine sola me acostumbre a comer, bailar, ir a fiestas y reuniones, donde cada vez me costaba menos trabajo explicar por qué no iba alguien conmigo. Mi respuesta era siempre la misma: mi familia estaba ocupada en sus proyectos y los veía cada vez menos. No quise decirles la falta que me hacían, pues no deseaba que me sintieran una carga y quería que estuvieran tranquilos de verme contenta.

Empecé a procurarme, a destinar y pensar en mí; cocinar y a vivir sin tanto ruido. Dejaba de hablar días enteros y en el silencio, encontré más respuestas de las que pude imaginar. En el silencio me escuchaba y escuchaba voces que también no me dejaban tranquila. Meditaba constantemente para calmar pensamientos persistentes y no crearme enfermedades ni escenarios que no existían. Mi familia no dejaba de amarme, simplemente estaba construyendo su propia vida y yo debía continuar con la mía; debía ir un paso a la vez, así que empecé por cuidar de mí. Cuando mis tiempos coincidían con los de mis hijos, era el momento perfecto para restablecer nuestro canal y los disfrutaba como si ese momento fuera a durar poco. El tiempo se volvió relativo.

Estaba haciendo un poco de todo: meditación, autocuidado, ejercicio, libros de auto ayuda y de superación personal. Pero mi gran reto era viajar sola. ¡qué nervios! Amaba tanto viajar que ahora que el tiempo y las condiciones me favorecían, me aterraba hacerlo. Le conté a mis amigas y me aconsejaron que no era seguro y que mejor declinara; otras amigas viajeras me dieron tips para hacerlo. Entendí que en la vida hay dos caras y cada persona hablará como le va en su vida. Yo elegí rodearme de personas que me regalaran de su fortaleza y me ayudaran a acercarme un poco más a mis objetivos.

Las redes sociales y las comunidades virtuales fueron un referente: seguí páginas de empresas de viajes, pero las fechas propuestas por las agencias no coincidían con mis fechas disponibles.

Un amigo me habló de una aplicación azul para hacer viajes comunitarios utilizando mi auto y me pareció una opción segura ya que registraba los datos del auto, así como los personales y podía ser conductora y pasajera a la vez. Lo interesante de viajar por aplicación era que, además de los costos bajos, hacías comunidad y la evaluación acerca del viaje quedaba en la app, lo que te iba creando cierto perfil de confiabilidad.

Me registré y registré mi auto: finalmente confiar era una opción. Mi primer viaje por la app fue como pasajera. Estaba nerviosa, pero al mismo tiempo emocionada de hacer algo nuevo. No niego que pensé en los riegos de compartir viaje con personas desconocidas en el auto de un extraño, pero el mundo está lleno de desconocidos hasta que los conoces. Estaba cansada de frenarme por una u otra cosa así que tomé el riesgo; mejor arrepentirme por hacerlo a quedarme con las ganas. Tenía una boda en puerta en Guadalajara, planeada, de inicio, con un amigo que después me canceló. Así que, mi primer destino fue Guadalajara. Hacía tiempo descubrí que cada vez necesitaba menos cosas para moverme y que un equipaje ligero iba con mis ganas de viajar. Reservé mi primer viaje mientras reía con esa sonrisa de complicidad, como cuando planeas una travesura. Envié mi solicitud de viaje y fui aceptada así que, organicé pendientes y jamás imaginé que este sería el primero de muchos viajes que cambiarían mi vida. No quería arrepentimientos, así que puse notitas cortas en mi habitación que decían cosas como: *¡sí se puede!*, *¡te lo mereces!* *¡No des marcha atrás!* O algo profundo como: *¡soy una mujer poderosa!*

Mi realidad en ese momento era la de una mujer inspirada por sus propios sueños, consciente de sus miedos, pero también de la soledad en la que se encontraba, inmersa hasta ese momento y las ganas de romper las conversaciones limitantes que pasaban por mi cabeza. Puse lo mínimo en una mochila pequeña y desde ese momento me convertí en una viajera de mochila: tenis, jeans, camisetas, lentes de sol, filtro solar, repelente de mosquitos, gorra y una que otra cosa más.

Capítulo II: Iniciando el viaje.

El conductor llegó en tiempo al punto de partida. Era un hombre joven, moreno y de una gran sonrisa, solo que se mostraba inquieto y le apremiaba la puntualidad. Sí soy, me dije a mi misma; nunca entendí por qué algunas personas siempre llegaban tarde a sus citas y recurrían a justificaciones que me sonaban a pretextos. La puntualidad es una constante en mi vida, así como mi falta de flexibilidad; me encontraba con un extraño que todo tenía que ver conmigo. Era una especie de espejo que me permitía verme. Solo estábamos él y yo y faltaba una pareja por llegar: solo llegó ella; se veía inquieta, preocupada, a nada de cancelar su viaje, pues su compañero no llegaba y tampoco contestaba sus llamadas; se resistía a hacer el viaje sola. El conductor le preguntó si podíamos iniciar el viaje y ella titubeante, ganándole tiempo a los minutos, arrastrando las palabras dijo –un minuto por favor.

Algo le decía que él no llegaría; seguramente tuvo un percance durante su camino (como siempre), y le dejaría plantada. Ella tenía la ilusión de pasar tiempo en pareja, pero para él ella no era su prioridad. Estaban en una relación caduca, insalvable, de esas en donde el interés salió a comprar cigarrillos y nunca más volvió. Estaban juntos, él por comodidad y ella por miedo a volver a empezar; ya no se sentía con las ganas de andar experimentando cosas nuevas, tampoco para los preámbulos... a dar explicaciones, justificaciones y, sobre todo, ese miedo a lo incierto; a los comienzos. Con los años, el miedo toma la forma finalmente de aceptación.

La pasajera Guadalajara volteaba para todos lados, esperando tal vez que sucediera un milagro que no llegó. Él no se presentó y ella terminó resignándose. Había aprendido a callar desde tiempo atrás y a liberar la frustración comiendo chocolates (era menos dañino que fumarse un cigarrillo) así que, con discreción, introducía en su boca, uno tras otro, los chocolates que sacaba de su bolsa de mano, mientras el sabor amargo que dejaba la desaparición de su pareja, se disipaba poco a poco.

Ya era habitual que él no respondiera las llamadas o que, incluso, dejará sus mensajes en "visto". Francamente, no recuerda cuándo empezó, pero ya se sentía cansada. A veces las personas perdemos la noción del tiempo, mientras nos juramos que las cosas van a cambiar; se nos va la vida justificando ausencias, pasando por alto la indiferencia y esperando que algo divino o externo se encargue de poner remedio a lo que es nuestra entera responsabilidad atender. Se requiere de algo más que valor y amor propio para salir de los baches que la vida nos presenta y aquellos en los que nosotros mismos caemos por no prestar atención a las señales. Lo cierto es que la carretera era una oportunidad para tomar aire, respirar un poco, alejarse de la cotidianidad y, sobre todo, romper con la rutina. A mí me habría encantado platicar con la pasajera de Guadalajara, decirle que todo estaría bien; que en el viaje se encontraría lo necesario para calmarse; pero, sobre todo, que tendría tiempo para pensar mejor las cosas y tomar nuevas decisiones. La verdad es que ni me miró; qué curioso, ella no era vista por su pareja y, en consecuencia, tampoco estaba dispuesta a mirarme y menos a mirarse a sí misma.

-Podemos iniciar el viaje, exclamó.

Se ajustó el cinturón, colocó sus audífonos y recargó su cabeza. Miraba desde la ventanilla de su asiento como, poco a poco, la ciudad se iba quedando atrás.

- ¿Qué tan buen copiloto eres? Me preguntó el conductor.
- Mmm no viajo con frecuencia, pero, al menos, no me quedo dormida, le respondí.
- ¡Excelente! Contestó él.
- ¿Usas frecuentemente la aplicación para viajar? Dijo el conductor.
- No, de hecho, es la primera vez que la utilizo. Una amiga se casa en dos días y me pidió que le dé un mensaje de boda para acompañar el brindis.
- ¡Qué padre! contestó el conductor y esa fue toda nuestra conversación.

No está mal - me dije a mí misma- (estoy con un conductor más dulce que el chocolate y una chica con el corazón medio roto, vaya combinación, pero en mi vida solo hay dos chocolates el dulce y el amargo) para ser mi primer viaje en la aplicación. Si el conductor me evalúa públicamente, seguro dirá que fui amable. Yo había leído que tanto los pasajeros como los conductores podían evaluarte, aunque no me quedaba claro con base a qué lo hacían; supuse que puntualidad y amabilidad podían ser considerados en este tipo de evaluaciones. Me la pasaba suponiendo cosas.

De repente, me pasó por la cabeza llegar a un acuerdo (un tanto mezquino) con el conductor y sugerir que nos pusiéramos, mutuamente 5 estrellas que era el máximo de evaluación, en la aplicación. Sin embargo, no me atreví. Es increíble como la palabra **evaluación** nos genera ansiedad. Eso de ser calificados nos vulnera y a veces realmente creemos que no somos aptos. ¿Cuántas veces dejamos de ser nosotros mismos por llenar expectativas de las demás personas y cuántas otras dejamos de correr riesgos y abrirnos a nuevas posibilidades, con tal de no ser reprobados social o familiarmente? Así que, dejé el tema de la evaluación y las estrellitas y me dispuse realmente disfrutar del viaje.

Fue durante el silencio del viaje, donde descubrí la semejanza entre la pasajera y yo: las dos viajábamos solas; a las dos nos habían dejado esperando; aunque a mí me cancelaron con tiempo y a ella la soltaron sin avisar, el resultado era el mismo. (y aunque teníamos todo en común no teníamos nada de qué hablar).

Olvidé que, este primer viaje, lo haría con un amigo que insistía en que realmente le interesaba. Teníamos poco tiempo de conocernos, pero ya compartíamos el gusto por el baile; recuerdo que el baile se volvió una terapia en mi vida y una forma de conectar nuevamente con la alegría; sudaba y me sentía viva.

Mi amigo, el que canceló su viaje conmigo, se disculpó diciéndome que esta vez no viajábamos, que sería en una próxima, al cabo **había más tiempo que vida.** Cuando escuché sus palabras, decidí que ésta había sido su única oportunidad, desperdiciada, por cierto, para viajar juntos. ¡Por supuesto que no hay más tiempo! La vida es corta, la salud se deteriora, las personas enferman y también mueren; los años avanzan y, en consecuencia, el cuerpo se debilita.

Este primer viaje marcaría el rumbo de mi vida, fue tan silencioso que me permitió pensar y encontrar respuestas. La carretera es una alegoría de la vida: la perspectiva del viaje no es la misma si eres conductor o pasajero; si vas como copiloto o te acomodas en los asientos de atrás. E incluso, si viajas en el asiento de atrás, no es lo mismo viajar del lado derecho del conductor que del lado izquierdo. Tampoco resulta la misma experiencia viajar por autopista que por la libre, en verano o en invierno; entre semana o en fines de semana; sola o en compañía, si el conductor respeta la señalética y los límites de velocidad, si el auto está sucio o limpio, si viajes por trabajo o placer y menos si el conductor es experto o novato al volante. Llevar el volante es tener cierto control sobre el resto, ¿será realmente así, o me encuentro otra vez validando mis creencias?

Por lo que respecta a los pasajeros, no es la misma experiencia viajar con personas que están abiertas al diálogo y a la charla amena, intercambiando puntos de vista, ocurrencias o simples anécdotas que realizar un viaje en absoluto silencio. Sin embargo, cualquiera que sea el escenario que vivas en carretera, éste es perfecto para aprender lo que la vida quiere mostrarnos, aunque no estemos dispuestos a verlo. Yo estaba dispuesta a descifrar los mensajes.

En mi primer viaje por aplicación tuve esa sensación de sentirme un poco extraviada. No me sentía cómoda viajando sola; con una especie de letrero en mi frente que decía estoy sola, no tengo nadie que me acompañé en este viaje, pero, francamente, tenía demasiadas cosas acumuladas en mi cabeza que, dejé de lacerarme con pensamientos persistentes que no conducían a ningún sitio. Habitualmente creo que somos rudos al juzgarnos y es viable incluso, que nos convirtamos en nuestro peor enemigo. Alguna vez leí en un libro de sabiduría que uno de los acuerdos que debemos hacer con nosotros es el no juzgarnos, pero yo ya traía bastante camino recorrido conmigo y era la persona que más se juzgaba. Me dediqué a mirar el paisaje y a tomar notas acerca de las cosas pendientes por resolver en mi vida y a ratos dormía. Mi primer viaje por aplicación fue así, prácticamente en silencio... esos silencios que están llenos de ruido.

El regreso sería la puerta a un cambio trascendental de vida. Reservé con un chico que no tenía evaluaciones; era su primer viaje publicado. Al igual que yo, él se había trasladado de ciudad de México a Guadalajara para asistir a la boda de un amigo y, de paso, recoger las pertenencias que aún conservaba en ese cuarto de azotea, alquilado un par de años, puesto que trabajaba ahí. Pero, con la llegada de la pandemia, como tantas otras personas en nuestro país, fue despedido. Él y yo, cada uno por su lado, ese sábado, estuvimos en una boda, sin imaginar lo cerca que estaríamos a partir de ese primer viaje.

Tenía unos ojos hermosos, los mejores ojos que he visto en mi vida; la piel blanca y una barba rojiza. Todo en él era encantador. Hablaba poco y me miraba por el espejo retrovisor mientras conducía, lo hacía como lo hacen los jóvenes, sin recato, tomando la carretera como toman la vida, con destreza y agilidad, sin temor y corriendo riesgos.

- Más lento por favor, le dije. El límite de velocidad permitida en esta pista es de 110 y vienes a 140. Me pone nerviosa la velocidad.
- Está bien, susurró, de forma casi imperceptible.

Me coloqué los audífonos y en ese viaje tan largo de Guadalajara a CDMX muchos momentos tuvimos para cruzar nuestras miradas y para intercambiar un par de comentarios en relación a la música. Al llegar a nuestra parada me preguntó hasta dónde viajaba y me dejó cerca de mi destino. Yo desconfié al principio, pero, poco a poco, la charla me dio tranquilidad e incluso quedamos de escribirnos y mantener la comunicación. Coincidimos en que ambos amábamos bailar y que podíamos vernos algún día para salir, como si realmente fuéramos dos personas que se conocían de antaño. La diferencia de edad era notoria. Más de una década de vida nos separaba. A él no le importó; realmente, el tema de edad nos sigue afectando más a las mujeres y yo sentía que estaba haciendo algo indebido al darle esperanzas a un joven, pero, ¿cuáles esperanzas, si solo íbamos a bailar? Y francamente, ni siquiera tenía la certeza que volviéramos a vernos. Yo estaba pensando mal y era solo una salida y tal vez nunca se daría, pero el que alguien mostrara interés en mí me hacía sentir bien y que se tratara de un chico joven y atractivo, me hacía sentir doblemente bien. Tal vez traía una especie de crisis interna con la edad, pero no me había dado cuenta de ello, hasta ese momento; o tal vez dejé de sentirme una mujer hermosa y me encantaba que un extraño me lo recordara.

Me dejó cerca de mi destino y esa fue la primera de muchas ocasiones que nos vimos y disfrutamos uno del otro. Me sentía bonita a su lado y viva. Mi corazón se aceleraba con su presencia y los últimos aceleres que había tenido últimamente eran a causa de mis prisas y la ansiedad.

    Me contó que su madre estaba en etapa terminal de cáncer y que se sentía desgastado. Sabía que los días de vida de su madre estaban contados y la mayor parte de su tiempo libre estaba a su lado. La cuidó amorosamente hasta su último suspiro. Era un hombre de pocas palabras y rara vez sonreía; eso lo hacía aún más interesante. Me contó sobre su trabajo en Guadalajara y su reciente despido a raíz de la pandemia; que era un programador y frecuentemente él me repetía: "mi vida es muy complicada" y yo pensaba para mis adentros, la mía también.

    Nunca supe lo que era una relación casual y creía que él era eso, algo pasajero y me dispuse a disfrutar lo que durara esa casualidad. Sin embargo, la frecuencia del encuentro era más cercana y terminamos realmente apreciándonos y cuidando uno del otro, aun en los momentos en los que, en los pasillos silenciosos de su hogar, se respiraba solo tristeza y enfermedad. Olvidé mencionar que nos acercamos tanto que paré en su casa muchas veces, en su depa de azotea. Qué triste es sentir la agonía de alguien cerca de ti y él agonizaba a veces mientras su madre respiraba cada vez menos.

Un día de suerte, conocí a su madre y me mantuve cerca en sus últimos días. Ella agonizante, controlaba quien entraba y salía de su casa a través de un cristal que reflejaba todo lo que ahí sucedía.

El chico de Guadalajara y yo nos conocimos en momentos claves: él estaba por perder a su madre y yo estaba más consciente que nunca de la brevedad del tiempo. Sin duda, cada encuentro tiene lo suyo y nuestros encuentros estaba llenos de desencuentros, por la diferencia de edad, nuestra cultura y creencias e incluso nuestra historia personal. Sin embargo, empecé a creer que en estas diferencias algo bueno podría surgir. De hecho, la elección es un tema personal y yo elegía tomar de este hombre lo que sumara a mi vida y le daba mi consentimiento para que tomara de mí, lo que le fuera de utilidad. Estábamos haciendo un intercambio sin lastimar a nadie. Este acuerdo surgió de la nada ya que nunca lo mencionamos abiertamente. Estaba acostumbrada a ganar y además de relajarme a su lado, aprendía su atrevimiento frente a la vida y él agradecía la paz que yo le daba en ese momento de pérdida. Al morir su madre, tuve miedo de ser una mujer sustituta y tomar la responsabilidad de cuidar de él y de mí, pero el chico era lo suficientemente maduro y vivido para su edad, como par dejarme en claro que nadie ocuparía ese sitio. Estábamos claros en lo que cada uno quería con el otro: él un poco de paz y yo, algo de diversión y adrenalina; cuántas discusiones y lamentos nos evitaríamos las personas si, desde el inicio, nos habláramos con la verdad.

Capítulo III: El primer peaje, los costos a pagar.

La vida tiene costos y en ocasiones, estos costos son altos …no estoy hablando de dinero. De hecho, el dinero es un costo barato, frente a la pérdida del tiempo, la salud, la privación de la libertad o la pérdida de tu seguridad y de amor propio. Si la vida se tratara de un viaje en carretera, bastaría con bajar la ventanilla un poco y respirar, hacer una parada o cambiar el destino del viaje. Pero no es así; vaya que la vida tiene costos muy altos, sobre todo si nos hacemos los ciegos frente a ella.

Viajar te ayuda a escapar de la rutina y no solo eso, te permite revisar y replantear aquello que le da sentido a tu vida, sino también, al escuchar las historias de otros imaginas que tu vida no está tan mal y que al menos tú si tienes una familia, o un trabajo, o una pareja o salud, o una carrera, o dinero para tu regreso… al menos no reprobaste la materia: irónicamente consuela saber que estás mal, pero alguien la está pasando peor. Y realmente no es que te alegres, sino que el dolor del otro mitiga, en parte, el propio: absolutamente absurdo. Durante el viaje obtienes respuestas escuchando las experiencias de otros, pero otras no las cachas, aunque pasen cerca del parabrisas, o estén a un lado de tu ventanilla. El viaje es como la vida, si no estás atento, no ves las señales.

La pasajera de Guadalajara tenía mucho tiempo para pensar si continuaba o hacía una pausa en su relación y si decidía continuar desde qué sitio lo haría y si buscaría acompañamiento para sanar las heridas y tomar decisiones que la llevaran a otro destino. No era la primera vez ni la última que se subía sola al tren de la vida. Estaba acostumbrada al silencio, pero también se sentía aturdida; escuchaba muchas voces a la vez y no distinguían entre tantas, cuál era la suya.

Después del viaje de Guadalajara lo único que quería era seguir viajando. Acababa de revisar que, en nuestro país, ya eres considerado adulto mayor con 60 años ¡diablos! Yo estaba más cerca de los 60 que de los 40 y en algunos años contaría con una credencial de descuento permanente y le cederían el lugar en el transporte público. Era muy bueno obtener descuentos, pero, con la edad, también hay costos a pagar: tienes el tiempo, pero muchas veces no tienes las ganas de hacer las cosas y el cuerpo sin duda tiene memoria y te cobra los costos de no haber llevado una vida sana. Pero eso solo lo entiendes con el paso de los años y los ajustes que haces en tu dinámica de vida, no te recuperan años, pero sí te permiten vivir con calidad los venideros. Hoy solo pensaba en construir mi felicidad: ir a los sitios que soñaba visitar cuando niña, conocer lugares lindos, charlar sin prisas, dormir un poco más, aprender cosas nuevas, visitar a mis amigos de infancia y ponerme al día con las personas para las que nunca tuve tiempo. Pero, sobre todo, hoy deseaba restablecer el vínculo conmigo y no volverme a soltar. Quería conocerme a fondo y dejar de controlarme.

El chico de la mirada hermosa me escribía con frecuencia y mi corazón se sobresaltaba. Me invitó al cine y le dije que sí. Me tomó de la mano, fue algo sumamente incómodo; sentía que todo el mundo me estaba mirando mientras susurraban *"esa mujer ya está bastante grandecita para andar con ese joven"* le pedía al cielo que nadie me conociera… **no soy tan importante** pensé, como para que el mundo se ocupe de mí. Así que simplemente disfruté la calidez de su mano sobre la mía. Sabía que los costos de peaje iban a ser altos. Cómo explicar a mi gente que estaba saliendo con un chico, por mucho, más joven que yo, cómo decirle al chico de mirada hermosa que no sabía bailar reguetton y que tampoco me gustaba trasnocharme, que no entendía mucho de la moda y que me gustaba tomar mis alimentos en horario; que amaba las puestas de sol, tomar carretera en fin de semana y comer a la orilla de la misma; que gustaba más de caminar que de correr ; que nunca había hecho rapel y tampoco cayak; que dejé el cigarro hace tiempo y que sustituí el refresco por el agua; que prefería el vino tinto a la cerveza y que no era fan de la comida rápida. Pues así simple, sin explicar…todo eso estaba de más, él tampoco estaba buscando quedarse de fijo en mi vida… ¿O sí? Daba igual; lo realmente importante era lo que yo estaba sintiendo en ese momento: estaba relajada; el tic nervioso de mi ojo izquierdo había desaparecido por completo y disfrutaba su simpleza, la rapidez con la que él tomaba las decisiones ante mi falta de flexibilidad y mi absoluta cuadratura. En ocasiones, sentía que me faltaba el aire frente a las críticas y si las cosas no se hacían a mi manera, hacía tremendo berrinche. Me daba cuenta que deseaba controlarlo todo y que la vida no se controla, se vive. Hoy descubría que el control me generaba ansiedad.

Empezaba a sentirme cómoda con jeans y tenis y mi espalda dolía menos. Hacía tiempo que unos ojos no me miraban con admiración, deseo y ganas, a la par que mi vida parecía un cuarto oscuro lleno de miedos con la llave puesta por dentro. Mis latidos estaban desenfrenados y no distinguía entre el sueño y la realidad. Me gustaba esa sensación de poder sobre mí, que se había instalado en mi vida sin permiso. Sí, lo sé, sabía que esto no duraría para siempre pero hoy, agradecía a la vida por lo que estaba sintiendo. Sin embargo, lo coloqué en segundo plano. En primer plano estaba yo y mis deseos. El viajar con extraños me obligaba a hacerme cargo de mí. El peaje durante el camino podría ser costoso, pero estaba acostumbrada a pagar los costos de mis decisiones y hoy no sería la excepción. Si mi motor se deterioraba que fuera por abrazar, por caminar, por bailar hasta agotarme y por trasnocharme leyendo un buen libro, al fin y al cabo, el motor se deterioraba entre angustias, miedos, y preocupaciones.

Mi primer viaje como conductora a través de la aplicación pasó sin ningún problema. Agregué mi cuenta de correo, los datos de mi auto, así como una fotografía personal donde me sentía espectacular. Debo confesar que me quité algunos años; muchas personas creen que la edad determina las habilidades de manejo; por el contrario, considero que la edad te proporciona experiencia; pero no iba a correr riesgos; es impresionante como en esta era digital, hacer click sobre una tecla es suficiente para quitarte años y un filtro puede mejorar la apariencia y nos compramos lo que vemos en las redes. Reparé también en la importancia de la evaluación en una aplicación y que, a través de ésta, podía ser confiable o no un pasajero y existía la posibilidad de aceptar o rechazar una solicitud en el viaje. Me gustó husmear las evaluaciones y no dejar al azar la elección de mis pasajeros. Me dirigí a casa de mis padres, al sur de Veracruz aceptando a tres estudiantes platicadores y divertidos, quienes durante el trayecto hablaron de lo difícil que es combinar estudio y trabajo; ellos también iban a casa de sus padres. En definitiva, somos contexto, íbamos al origen, de regreso a nuestra raíz, a llenarnos de lo que nos hacían ser las personas que éramos. Me acordé de cuando salí de casa, apenas con 16 años con el propósito de *ser alguien en la vida* y salir de la situación complicada en la que vivíamos. Recordé mi fortaleza y decisión de adolescente.

También se subió un joven de barbas oscuras; era cantante, llevaba su traje de mariachi con él; ocupó el asiento del copiloto y traía en la mano una memoria usb. Nos comentó que tenía un evento; que era cantante de los buenos y aprovecharía el viaje para visitar a sus padres y a su única hermana quien ese día daría a luz. Insisto, este viaje era absolutamente familiar.

Nos platicó de la música, de las fiestas de amigos y del canto. En cada reunión repartía tarjetas de presentación y cargaba una mochila ligera, ya que estaba listo para irse a donde le llamaran. Yo le comenté que la siguiente semana viajaría al estado de Tabasco a una fiesta familiar y me dijo que lo llevara y que él se encargaría de cantar, que solo le diera hospedaje y alimentos, que él amaba viajar y que cantar era solo un pretexto para viajar.

Me quedé en silencio, analizaba cómo alguien podía vivir su vida así; pero en el fondo reconocía mi atracción por la gente arriesgada. No recuerdo cuándo fue la última vez que corrí un riesgo. Era una mujer asalariada que cubría 40 horas de jornada a la semana, con las prestaciones de ley y días de descanso obligatorios, quien por las tardes atendía a su familia, limpiaba la casa los sábados y descansaba domingos. Viajaba cuando las posibilidades económicas lo permitían y me sentía afortunada por tener un trabajo estable, pero, realmente, no era una mujer de riesgos. Soñé todo el tiempo con tener un trabajo que me permitiera hacer lo que me gustaba (viajar) y que, además, me pagaran por ello. Algunas veces me acerqué a ese deseo, pero otras no y me acostumbré a vivir en el casi. Hoy tenía frente a mí las dos caras de la moneda: por un lado, tres chicos estudiando para concluir una carrera y uno haciendo de su vida lo que quería y viviendo el momento. Los cuatro tenían edades similares. ¿Quiénes estaban en lo correcto? Creo que no hay correcto o incorrecto; simplemente cada uno buscaba su felicidad y apostaban por seguir sus deseos; quizá solo el tiempo, les daría la respuesta como a mí.

El joven músico me sacó de mis pensamientos cuando me dijo:

-Manejas muy lento.

- ¿Te parece? Voy a la velocidad permitida, respondí.

Puedes mejorar, me dijo. ¿por qué no me permites manejar a mí? Expresó con determinación.

- Porque tú eres cantante no conductor, le respondí y el auto es mío.
- Manejo mejor de lo que canto, respondió.

- Tendríamos que escucharte, le contesté. Aunque francamente me estaba empezando a incomodar su confianza para conmigo. No recuerdo haberle dado un solo motivo para que me tratara con esa familiaridad que nos da solo el tiempo, esa era mi creencia.

Le pregunté al resto de los pasajeros si querían escuchar al pasajero músico cantar y dijeron al unísono que sí. Me pasó la USB que traía en la mano y fue el momento más divertido del viaje; cantaba maravillosamente y me percaté cómo empezaba a relajarme y disfrutar del viaje y de la oportunidad que me brindaba la vida de escuchar a alguien con una voz maravillosa. Todos le aplaudimos y al final él termino conduciendo mientras nosotros cantábamos el resto del camino. El tiempo pasó volando y prometimos volvernos a saludar en otro momento. Nos compartimos las fotos y videos que tomamos durante el viaje y esa fue mi primera evaluación: mis pasajeros me dieron cinco estrellas, diciendo que había tenido un viaje seguro y una charla amena. Me recomendaban ampliamente para futuros viajes.

Los estudiantes se quedaron en una parada y el músico continuó manejando; le dije que se fuera directo al hospital en donde su hermana daría a luz. Era lo menos que podía hacer por un pasajero amable y buen conductor. Él me invitó a conocer a la bebé; lo dudé antes de contestarle pues mi familia me esperaba en casa y moría de ganas por abrazarlos. Sin embargo, ante su insistencia, acepté y reparé en la presencia de sus padres en la habitación de hospital privado, mirándome con curiosidad.

- Es mi compañera de viaje, les dijo.
- Buenas noches, saludé amable y me sumé a su festejo. El tiempo transcurrió sin que me percatara. Miré el reloj y me despedí.

El joven mariachi me acompañó a la entrada del hospital. Ninguno de los dos realmente quería irse.

- Te invito a cenar a algún lugar cerca, no tardaremos.
- Me pareció que quería agradecer el gesto de haberle facilitado la llegada.
- Está bien, le respondí y nuevamente tomamos carretera. Él manejaba de una manera segura como si tuviera claro el lugar donde pararíamos. Cenamos en un lugar privado y descubrí que no solo era hábil para el canto y la conducción, sino para besar hasta mi sombra. Amanecí en sus brazos y me retiré del lugar a primera hora. Justo recuerdo que olvidé una prenda, por la que nunca volví.

Estaba feliz por dejarme llevar y no seguir aferrada a tomar la brújula y ponerle dirección a cada uno de mis pasos. Había cosas que solo debían fluir y ésta fue una de ellas. Me sentí feliz por vivirlo sin prejuicios. No volví a saber de él y mucho menos de mi prenda, aun cuando era una de mis favoritas, terminé olvidándola, como a él.

Capítulo IV: Carril de alta velocidad, decisiones precipitadas: los rotos.

Se subió en la parada del metro cristal, qué curioso, era su parada favorita. Una chica hermosa con cabellos color zanahoria y con unos inmensos ojos que dejaban ver su fragilidad y sensibilidad. Estaba asustada, pensó que no la esperaría y llegó temblorosa al punto de encuentro. Le reservé el lugar del copiloto, ella amaba la música y ponerla en el lugar del copiloto la hacía sentir importante, sentir que tenía control sobre algo. Me contó que conoció el amor gracias a sus padres, todo lo que sabía sobre amar y como ser amado venía de ellos; se consideraba la fanática número uno de esa historia de amor y gustaba de escuchar la misma historia una y otra vez, los detalles de cómo se conocieron y cada instante que los llevo a enamorarse.

Dijo que su madre siempre fue una mujer valiente, trabajadora y con los sueños más inmensos y eternos, fiel a cada uno de ellos y dispuesta a no rendirse ante la adversidad.

Nunca la vio romperse, nunca la vio llorar por cosas por las cuales ella lo hubiera hecho a mares; siempre la vio decidida a darlo todo por su familia y, sobre todo, empeñada a salir a flote sin importar que el mundo se le viniera encima. Su mamá se ocupaba, de manera firme, de cada integrante de su familia sin importar cómo ella la pasara, sin importar si ella se quebrara; quiso darles la familia que a ella le habría gustado tener. Su mama la hacía sentir segura y jugaba con ella a las muñecas, sin importar lo cansada que estuviera al término de su jornada. Sin interrumpirla, yo pensaba que los padres, en ocasiones, educamos desde la carencia también.

Su papá era un hombre discreto, paciente y sobre todo, optimista; era difícil hacerlo enojar, pues él no se molestaba por cualquier cosa, siempre guardaba sus secretos más profundos y las confesiones más sinceras; él nunca reveló a su madre cuando comía el pepino destinado a la ensalada, su papá la hacía creer en la vida ideal, le hacía sentir que vivía en un cuento de hadas. Pero un día de la nada, así como cuando la luz se te va y estás a media película u olvidas el café en la estufa y se consume, la relación de sus padres, terminó.

Un día que marcaría su memoria, la sentó a la mesa: esa mesa donde desayunaban y tenían horas de sobremesa, comenzó a hablarle; lo notó más delgado y percibió por momentos sus ojos tristes y cristalinos. Contenía el llanto mirando hacia la ventana donde Battú, su perro, esperaba que cayeran trozos de comida, como era habitual.

Al principio no sabía cómo hablarle, pero soltó la información como se sueltan las cosas que traemos atoradas de tiempo, sin dar espacio para digerir. Tal, como cuando repruebas un examen y el profesor te dice tu nota sin consideración o te avisa que te verá en extraordinarios y aún asi te invita a disfrutar tus vacaciones. Cuando su padre habló, solo le dijo que vendría una separación definitiva solo que se le pasó aclararle que no solo se separaba de su esposa sino también de ella, su hija … y ella ¿qué culpa? Seguía recalcando que era una separación definitiva, que desde hace tiempo se estaba postergando. Eso le dolió porque no le había dado ni un poco de esperanza o ilusión, miraba a Battú, se miraban y pudo entender que él también sentía lo que estaba pasando, no habría más charlas de sobremesa ni trozos de comida para él, lanzados por esa ventana. No solo la niña de cabellos de zanahoria estaba rota sino también Battú. Las mascotas se vuelven tu familia. Battú me inspiraba afecto.

Su madre seguramente tendría las respuestas ante sus interrogantes solo que con ella habría que sacar una cita como cuando vas a aplicarte gelish en las uñas o a ponerte tinte en el cabello y el sitio favorito de sus citas era el café. Ahora recuerdo que también la pasajera de cabello de zanahoria mencionó que sus padres habían puesto una cafetería con libros, pues los tres amaban la lectura. Para ella la cafetería era sinónimo de "familia".

Sacó una cita con su madre; ella era una empleada de tiempo completo y solo estaba en casa los domingos. Su realidad era distinta a la del resto. Para su mamá todo estaba bien, aunque el hogar se estuviera derrumbando. Se vieron en el café y antes de que siquiera pudiera decir "hola" las lágrimas de su madre cayeron como cuando se viene un aguacero… una gota y el caudal enseguida.

En realidad, nunca contó las razones, solo repetía una y otra vez la misma frase: ¿qué hice mal? En ese momento, como en otras tantas ocasiones, la pasajera de cabello color zanahoria supo que esta vez no tenía que preguntar, solo escuchar. Nunca vio tan rota y desorientada a su madre, como en esa ocasión.

Y ella solo tenía una duda, ¿cuándo sus padres dejaron de amarse? Y ¿por qué cuando esto pasó no buscaron remedio para la situación? y si ya no tenía remedio ¿por qué no la prepararon para entender sus razones y crearse otra vida? La pasajera hablaba sobre los daños colaterales, éstos que te arrastran sin fin. Refería su miedo inmenso a relacionarse en pareja para no terminar como sus padres: miedo a creer en el amor y en la familia, a empezar un proyecto y fracasar o abandonarlo. ¿Qué haría, en lo sucesivo, cuando se tratara de un evento importante para ella? Su graduación, por ejemplo: ¿a quién de los dos tendría que convocar para mediar la molestia entre ambos? ¿quién les dio el poder de colocarla en medio y ponerla a decidir, cuando el amor no es divisible? Se ama o no se ama. Y ella los amaba profundamente y deseaba verlos juntos y mantener a su familia como hasta ahora.

Creció tomándolos como ejemplo de amor, constancia, trabajo y se olvidó de crear su propio concepto de amor y de relación. Solo quería conocer un hombre como su padre y convertirse en una mujer como su madre y tener una casa, un perro y lo que la gente llama una relación estable. Y ahora ¿qué haría con su vida? nunca había estado tan extraviada, vulnerable y directo al precipicio. ¿Cuándo lo decidieron? No lo sabe, ¿cuándo el amor quedó atrás?... mucho menos, para ella solo era una decisión precipitada, así como cuando de última hora, en tu viaje por carretera tomas un atajo y te desvías buscando economizar tiempo o peaje.

Capítulo V: Las señales, Zona de derrumbes.

No estamos atentos a las señales. Cerramos los ojos y no prestamos oídos a ellas. La señalética está las 24 horas de día, en la carretera y en el día a día gritándonos: ¡para! ¡sigue! ¡disminuye tu velocidad!, curva cerrada, obra en construcción, zona de derrumbes, ceda el paso, pendiente peligrosa, entronque, obra en construcción, prohibido estacionarse… y, sin embargo, hacemos caso omiso. La joven pasajera con el cabello color de zanahoria se encontraba en la total y compleja zona de derrumbe.

En uno de mis viajes por aplicación a ciudad de México, un pasajero olvidó el celular en su casa; estaba tan apresurado para regresar por él. Era un chico que no rebasaba los 25 años, sonriente, lleno de vida; me abordó cerca de una plaza comercial y me dijo:

- Casi no llegó; perdón por el retraso. Olvidé mi celular y seguramente mi esposa marcará a tu número para cerciorarse que llegué a tiempo y no perdí mi viaje.

- No hay ningún problema, respondí indiferente.

Iniciamos una charla irrelevante: me comentó que era seguridad privada y viajaba a la ciudad de México, viernes a lunes dejando sola a su pareja y a su pequeña hija de un año. Contó que estaba feliz y emocionado con su paternidad. Hablaba maravillas de su pareja, de su hija y su vida. Realmente se notaba contento. Su chica marcó a mi celular y preguntó si su pareja estaba en mi auto. De inmediato, pasé mi celular al pasajero de México y alcancé a escuchar cómo ella insistía en el hecho de que había dejado su celular y si no pensaba regresarse. El pasajero de México le dijo que no se preocupara, que buscaría la manera de mantener la comunicación con ella e incluso, trataría de regresar a casa antes de lo previsto. La chica le respondió que estaba bien, que lo amaba e iba a extrañarlo.

El pasajero de la ciudad de México, entre suspiros, me devolvió el celular.

-Qué maravillosa pareja tienes, le dije; a leguas se ve que te adora. Continuamos el viaje charlando acerca de diversos temas y lo dejé en la parada del metro Puebla. Nunca imaginé, en una ciudad tan grande, volver a coincidir como compañeros de viaje, pero esto pasó más rápido de lo que esperaba. En un nuevo viaje me abordó meses después, en la misma parada del centro comercial.

-Hola, me dijo, ¿cómo estás?

- ¡Te conozco?, le dije, con una mirada cargada de desconfianza.

-Claro, insistió. Hicimos un viaje juntos. Y siguió haciendo memoria de nuestro primer viaje, proporcionando detalles que me hicieron recordar.

-Estás delgado, mucho, de hecho. Imposible reconocerte, contesté mientras manejaba.

-Casi muero, respondió él.

-Cuéntame, le dije ¿qué fue lo que te pasó?

Esta frase fue suficiente para que él soltara de golpe todo lo que había guardado en su corazón. Qué lejos estamos de dimensionar los niveles de angustia, dolor, desesperación y frustración que pueden albergar los hombres en su corazón. Y es que estas emociones no son propias solo del género femenino, pero, por desgracia, pocos son los hombres que expresan abierta y genuinamente su sentir.

Total, que el pasajero de ciudad de México se echó a llorar. Relató que su chica, una vez que él tomaba carretera, le abría la puerta a alguien más, con quien pasaba el fin de semana completo. Reveló que había descubierto el engaño cuando un vecino le informó lo que pasaba cuando él salía de casa. Asi que, un buen día, simuló un viaje, asegurándose que su chica estuviera segura de su ausencia y al regresar corroboró lo que su vecino le había dicho: la infidelidad de ella.

Enfrentó la situación y tuvo que retirarse de su casa. ¡qué injusto! De un día para otro, ya no tenía a su chica, a su hija, su hogar y encima de todo, enfrentaba una demanda por pensión alimenticia y la restricción de poder ver a su hija, hasta demostrar ser apto para convivir con la pequeña.

La desilusión por la traición lo sumieron en una profunda tristeza que se volvió depresión y casi se queda sin trabajo e incluso, estuvo en riesgo de perder su vida.

Lo escuché atenta, sin emitir una sola palabra. Me quedaba claro que aún se encontraba en una pendiente peligrosa y poco podía hacer por él. Quizá la única manera que tenía de ayudarlo era sugerirle bajara la pendiente con precaución y a su paso, sin prisas, a final de cuentas él tenía el control del volante. O por lo menos, él era su propio volante.

Entronque peligroso

Dicen que uno siente cuando la historia de amor se consume, pero ella aún guardaba un poco de fe en aquel amor que había construido, cuando aquella separación definitiva comenzó a tener más sentido, sus días cálidos se volvieron fríos y lo único que la sostenía eran sus sueños, o al menos eso, creía hasta que lo conoció.

La pasajera de Veracruz, tenía el corazón roto; dicen que cuando alguien tiene el corazón roto en lo que menos piensa es en volver a amar y sin duda ella no pensaba intentarlo; no lo pensaba hasta que, cansada de la rutina, se decidió a reservar un viaje al hermoso puerto de Veracruz, en donde coincidimos, justo por la temporada de carnaval.

Ella no viajaba sola, iba con un militar retirado, el cual había sido su mejor amigo en la preparatoria, pero se dejaron de ver, aquel viaje fue un reencuentro casual de esos de los que se dice poco y ocultan tanto. Hablaban de todo y de nada al mismo tiempo, se notaba que ambos estaban rotos, pero acompañarse los hacía sentirse menos incompletos. Mi terapeuta dice que elegimos pareja desde la carencia (ahora entiendo porque siempre me equivoco al elegir). Dice también que las personas no son casualidad y, seguramente, la pasajera de Veracruz y el militar retirado no estaban por azar en mi viaje. De hecho, poco creo en el azar; más bien considero que la vida es la suma de pequeñas decisiones, emociones, riesgos, sentimientos, encuentros y desencuentros; lo cierto, es que ellos estaban ahí dispuestos a hacer menos dolorosa su soledad.

Aquel nuevo personaje además de estar solo, estaba lleno de heridas y pretendía que el otro las sanara; las heridas también nos unen, pensé.

Comenzaron a salir, a conocerse, a pasar tiempo y el amor comenzó a florecer. Bueno, en realidad, no estoy segura de que el amor florezca tan rápido, pero ambos querían sentirse amados y su ritmo era apresurado. Amaban el café con pan, el cereal con avena: en suma, eran compatibles (esto tiene algo de sarcasmo). Aunque ella tomaba el americano descafeinado y él el expreso, el de olla, sin duda, era el refill, que no podía faltar. Se sentían el uno para el otro: algo así como el cigarro y el encendedor; el roto y el remendado.

Ella buscaba a alguien con quien reír, salir al cine, con quien bailar, ir al café y las cenas románticas. Aun no hablaban de quién pagaría las cuentas en las salidas; posiblemente lo harían al estilo europeo: cada quien su cuenta… en realidad era lo de menos, ambos querían que el otro fuera el amor de su vida.

Durante el viaje se tomaron de la mano, se besaron un par de ocasiones, intentando con torpeza, acomodar sus labios. Hicieron miles de planes, hablaban sobre ellos y la posibilidad de una vida juntos, cuando apareció ante sus ojos la señal de entronque, en sincronía con sus planes. Esta intersección de caminos era justo lo que les hacía falta: un nuevo viaje y una nueva autopista.

Prohibido estacionarse

Iba camino a la ciudad de México un viernes por la tarde, como muchas veces lo hacía. Ciudad de México se había vuelto un destino frecuente en mis viajes. Esta vez subieron solo tres pasajeros: uno como copiloto y dos chicos en la parte trasera de mi querido y fiel auto básico, pero modelo reciente, quien no me había dado un solo problema en carretera. Por supuesto que lo llevaba a la agencia para su servicio correspondiente y lo mantenía impecable. Dicen que el auto se parece a su dueño y mi auto siempre estaba en las mejores condiciones. (En realidad no sé si estoy en las mejores condiciones, pero una forma de amarme es repetirme que lo estoy).

Mi copiloto era una mujer aproximadamente de unos 70 años, aunque debo aclarar que soy malísima para calcular la edad. Iba a tomar una consulta en un hospital de la ciudad de México y uno de sus hijos le había reservado el viaje por la aplicación. Desde que subió al auto no paró de hablar, a leguas se notaba su necesidad de ser escuchada. Me contó que su esposo era discapacitado y que llevaba cerca de 20 años cuidando de él. Que ya no lo amaba, pero no tenía el corazón para abandonarlo. Que tenía dos hijos que se hacían cargo de los gastos de ambos; que eran buenos hijos, pero ella ya se sentía cansada y con justa razón, pensé. Habló de sus plantas y de cómo las cuidaba y les hablaba bonito todos los días; cuando les cantaba, ellas parecían ser felices y crecían fuertes y lozanas. Gran parte de su vida la pasaba cuidando a su esposo enfermo y a sus plantas. Pocas veces salía, pues no había cuidador disponible para su esposo por el mal carácter que él tenía, aunque la paga fuera buena; ella estaba acostumbrada al encierro y la ingratitud. Que alguien me diga cómo se le hace para acostumbrarse a la indiferencia. No, no creo que exista manera, por lo menos, no de forma consciente.

Fue criada a la usanza antigua, donde el matrimonio es hasta que la muerte los separe y por su cabeza jamás había pasado abandonarlo. Él se la llevó cuando recién cumplía 18 años y se casaron más tarde. A ella le gustaba cocinar y coser y a él la fiesta, el alcohol y las mujeres.

- ¿Por qué no lo dejó? Le pregunté.

- ¡Qué iba yo a divorciarme!, me dijo. ¿Quién iba a recibirme con dos hijos? Mis padres no lo hubieran permitido. Se habrían alejado de mí y ahora, ya vieja como estoy, ¡qué voy a dejarlo! y menos en su condición de enfermo, afirmó.

- ¡Qué injusto!, pensé. ¿Por qué las personas no nos alejamos, desde el principio, de los lugares y gente que nos lastiman y resta valor? Creo que en el fondo apostamos a que las cosas, con el tiempo cambiarán.

Ella seguía hablando y hablando todo el tiempo de una y de otra cosa; reía a carcajadas y hablaba con una voz tan fuerte que me lastimaba, o tal vez lo que decía estaba cargado de sabiduría y mis oídos oponían resistencia a escucharla; realmente solo quería que parara de hablar. Qué incómodo puede resultar el ruido. Es algo así como tener una fiesta en tu edificio y lo único que deseas es descansar.

No pude evitar interrumpirla, justo cuando un semáforo se puso en rojo y volteé hacia el asiento de atrás. Noté que mis pasajeros se comunicaban en privado, reían con cierta complicidad y se tomaban de la mano.

- ¿Cómo están chicos, todo bien? Pregunté.

-Sí, todo bien, afirmó uno de ellos, mientras que el otro recargaba amorosamente su cabeza en su compañero.

- ¿Son pareja? Pregunté. Ni siquiera sé por qué pregunté eso. Se supone que esas cosas no se preguntan. Realmente a mí poco me importaba si eran o no "algo", lo único que deseaba es que mi copiloto parara un poco de hablar; sentía desesperación por tanto ruido. Ya no estaba acostumbrada, tenía un buen rato de no escuchar en casa a nadie y la música nunca había sido mi fuerte. Ahora entendía a las personas que se dieron la vuelta y me dejaron con la palabra en la boca cuando no paraba de hablar justificando, reclamando o respondiendo algo que no se me había preguntado. Pido una disculpa a aquellas personas a las que no les di un solo espacio de silencio para que lo utilizaran a su favor.

Los chicos se miraban felices y comentaron que iniciarían una vida juntos; que tenían dos semanas de conocerse y deseaban intentarlo. Se conocieron en una fiesta y se acoplaron al bailar; a ambos les gustaba el tequila y también la música de autor; amaban la literatura fantástica y la poesía de Bennedetti. En suma, eran el uno para el otro, con las coincidencias que encontraron en su primera cita. Del resto, la vida se encargaría, poniendo todo en su sitio. Creo que nuevamente salió mi lado oscuro y reía para mis adentros ante mi falta de credibilidad hacia ellos.

¿Dos semanas y ya vivirán juntos? Pensé, pero ¿quién era yo para precipitarme a emitir un juicio y creer que esa relación iría a pique? Eran chavos y los chavos viven un día a la vez.

En mis tiempos las personas se trataban hasta estar seguras y el sí se daba mucho tiempo después. Pero, a final de cuentas ni los noviazgos largos aseguraban relaciones perdurables, así que, solo les dije que les deseaba mucha suerte en su proyecto. Miré hacia mi derecha y me percaté de que mi copiloto estaba profundamente dormida. Roncaba fuertemente; me inspiró una especie de ternura y pensé ¿por qué no había alguien que la acompañara en su viaje? La soledad de ese momento, seguro era la soledad de su día a día: bueno, al menos esa mujer tenía a sus plantas.

CAPÍTULO VI: Ascensos y Descensos.

En la vida, como en la carretera, debemos aprender a parar, a bajarnos de manera anticipada cuando olemos el peligro. Sí, aunque nunca he podido describirlo con exactitud, el peligro huele, el cuerpo lo percibe; nuestros mecanismos de defensa se activan y nos alertan. Sigo sin entender por qué no prestamos atención a esos avisos y paramos, replanteamos el camino, la compañía e incluso el destino del viaje. La vida no es plana y tampoco lineal. Sería maravilloso trazar una ruta y que nada nos desviara del camino, pero lamentablemente, no siempre es así.

Tenía un grupo de amigas con las que había cultivado una gran amistad desde la primaria crecimos juntas y sabíamos todo una de la otra. Una de ellas vivía en Monterrey, tres al sur del Estado de Veracruz y yo en el centro del país, realmente eran mis amigas; me recargaban la pila y me hacían sentir una mujer amada, todo el tiempo. Con mis amigas me sentía importante. Cada encuentro era el pretexto perfecto para volver a ser niñas y darnos atención y tiempo de calidad. Teníamos lealtad, de esa que se va construyendo con el paso de los años. Me emocionaba verlas así que envié solicitud de viaje a través de la aplicación para encontrarme con ellas, ahora mi destino era la ciudad de Jalapa y sin problemas fui aceptada en el viaje.

El conductor de Jalapa me dijo que trabajaba en una empresa famosa de embutidos, la segunda más importante de América Latina y que era gerente; amaba su trabajo y a su hija de nueve años que vivía en Jalapa con su madre, tras su divorcio. El conductor amaba viajar, bailar y las charlas amenas, así que improvisamos una. También iba Luna, una estudiante universitaria de la carrera de nutrición. No recuerdo en qué momento Luna intervino en nuestra plática, pero poco a poco, se convirtió en el centro de nuestra atención. Luna estaba en una escuela privada de esas costosas y me daba la impresión de que el tema financiero no era un problema para ella, sin embargo, era bastante reservada. Los tres hablamos de baile, música y de la familia, hasta terminar analizando el patriarcado y el feminismo...hablamos también de violencia y fue cuando Luna reveló su adicción a las anfetaminas y al cristal y la manera en la que, después de cuatro internamientos en diversas clínicas y dos anexos, se había rehabilitado, aunque no del todo, ya que cada día era una oportunidad de librar una batalla, dado que las adicciones son tan fuertes y desesperantes que no se sanan de un día para otro.

Luna mencionó el abandono en el que creció; varias ocasiones dejó la escuela y la casa de sus padres hasta vivir en la indigencia total. A estas alturas ya no recordaba qué la colocó ahí, solo nos decía que había crecido en un núcleo familiar lleno de reglas, golpes, insultos y maltrato, de tal manera que se acostumbró a ellos; es triste decirlo, pero creo que las personas terminamos acostumbrándonos y normalizando nuestra condición. Con la voz entrecortada nos dijo que había dejado la casa de sus padres cuando tenía 14 años y que había sido abusada sexualmente en múltiples ocasiones sin atreverse a contarle a sus padres y menos denunciar. Vivió en silencio su duelo y buscó ayuda por su cuenta.

Luna estaba consciente que su rehabilitación le llevaría tiempo y también estaría llena de recaídas, pero era su decisión no volver a estacionarse en la calle; amaba la vida y esta parada la llevaba a replantear sus metas. Sin embargo, se sentía vulnerable y sabía que no estaba del todo lista para caminar por su cuenta

- Prohibido estacionarte Luna, le dije con voz amorosa; la vida tiene tanto para ti y parar no es opción.

El conductor de Jalapa y yo hicimos un largo silencio. Sentíamos una especie de nudo en la garganta. Cambiamos de tema y hablamos de cosas bonitas y esperanzadoras. El viaje se tornó franco, abierto, con conversaciones fluidas buscando las respuestas, uno en el otro, sobre nuestras propias interrogantes.

Yo solo quería darle un abrazo a Luna y decirle que todo estaría bien. Es increíble como en un viaje, podemos estrechar lazos con extraños.

El viaje se hizo corto y al descender del auto Luna y yo nos dimos un abrazo cálido. Luna me parecía más bien una estrella de esas que brillan en todo su esplendor. Yo deseaba que el viaje hubiera durado mucho más; pero terminó y ella me abrazó tan fuerte que me estremeció.

- Tú puedes Luna, le dije, no detengas tu paso hacia tu sanación. Aférrate a lo que puedas. No es opción estacionarte. Luna solo sonrió agradeciendo mis palabras; le hizo la parada a un taxi y se perdió en la oscura carretera.

El conductor de Jalapa y yo también nos despedimos. En realidad, no sabríamos si la vida volvería a acercarnos, pero ese viaje marcaría nuestras vidas.

En otro de mis viajes por aplicación, pero esta vez hacia el sur, justo a Tabasco, ocupé, como pocas veces lo hacía, la reserva automática. El viaje lo decidí de última hora, así que no me di el tiempo para verificar la identidad de las personas que viajarían conmigo. Cuando llegué al punto de encuentro para recoger a los pasajeros me percaté que viajaría únicamente con hombres. Sí, tres masculinos atrás y uno como copiloto. El trayecto era largo y en el puerto de Veracruz bajarían dos de estos hombres y subirían dos pasajeros más. En los viajes largos suben y bajan pasajeros, de acuerdo al destino al que se dirijan. Todo estaba sujeto al azar... bueno, no estoy segura de que el azar o la casualidad existan. No tenía la menor idea de la identidad de mis pasajeros.

Iniciamos el viaje. Los pasajeros colocaron su mochila en la pequeña cajuela de mi auto compacto, limpio, con frazadas sobre los asientos, creando una atmosfera de calidez y cierto confort; además las frazadas me encantan y protegen los asientos del polvo y del derrame de líquidos. Es inevitable en carretera no comer, por lo menos botanas y colaciones, así como consumir líquidos.

Me gustaba que los pasajeros cuidaran mi auto y a la inversa, pero también sabía que cuidamos lo ajeno, en la medida en que cuidamos lo propio e incluso, tratamos a las personas como nos tratamos y como la mujer previsora que soy, tomé mis precauciones. Me desagradaban las manchas en los asientos de mi auto.

Los caballeros con los que viajaba iban en completo y absoluto silencio. Me percaté que no se conocían entre ellos. Sin embargo, tenían mucho en común. Eran altos, con el cabello extremadamente corto, alguno incluso rapado, de cuerpos fuertes y cierto aire de rudeza. Llevábamos una hora de camino y no pronunciaban palabra alguna.

- Caballeros, ¿gustan algo de música? Pregunté.
- Lo que usted decida está bien, contestó uno de ellos.
- ¿Usted? Cuánta formalidad, dije para mis adentros. Pero aun así insistí un poco ante el silencio de mis pasajeros. Los cuatro tenían una posición rígida que habían mantenido inamovible durante nuestro tiempo de viaje.

Puse algo de música solo para aniquilar ese silencio incómodo. Me encantaba charlar durante los viajes largos, también durante los cortos, pero sabía respetar los silencios de otros, porque amaba también esos silencios llenos de ruido establecidos en mi cabeza.

- ¿Por qué tan callados, caballeros? Insistí.
- Mi copiloto respondió apresuradamente con otra pregunta ¿De qué se puede hablar con una mujer?
- ¿Qué? ¿Era real lo que estaba escuchando? (este **qué** debió haber ido con muchas eeeee, pero soy respetuosa de la ortografía solo imaginen mi expresión frente a esa respuesta).

Por un momento, francamente me resistí a creer lo que escuchaba. ¿cómo se atrevía ese hombre a decir eso si su vida estaba en manos de una mujer con la que "no sabía de qué se podía hablar". Sin duda, el hombre era un misógino y yo una mujer expuesta (aunque francamente nunca me sentí expuesta ni porque se trataban de cuatro hombrezotes). Me sentí minimizada y por un momento, asumí que no solo mi capacidad estaba en tela de juicio, sino la de cualquier mujer al volante. Me hermané con mi género y resté poder a mi pasajero que, con su comentario, me ponía en estado de indefensión.

Pensé en responder desde la víscera, pero recordé que, en todos mis viajes, había sido evaluada con cinco estrellas y, tratándose de la calificación más alta, deseaba conservarla. Sin embargo, toda mi vida había buscado la aprobación y el reconocimiento como hija, esposa, madre, empleada y me encontraba frente a la disyuntiva de mantener mis cinco estrellas a costa de silenciarme; el precio era demasiado caro. ¡Cuántas veces en la vida me había tragado mis palabras por no perder la compostura y NO parecer una mujer desequilibrada! Llevaba tiempo meditando, inhalando y exhalando así que respiré profundo, muy profundo debo aclarar y respondí:

- Caballero, con una mujer como yo, se puede hablar de lo que usted guste… ¿por qué no empezamos presentándonos?
- Me parece una excelente idea, respondió mi copiloto. Cada uno se presentó y resultó que viajaba nada más y nada menos que con personal de seguridad privada y de la guardia nacional del país. Cuando tocó mi turno, solamente compartí que era una mujer que amaba viajar, bailar y a mi familia. Debo reconocer que sentí cierta intimidación ante la presencia de estos hombres de aspecto y carácter fuerte.

La barrera se rompió y poco a poco, charlamos de todo, contamos anécdotas de vida y ellos terminaron dándome consejos para transitar por carretera. Me enseñaron en dónde no era seguro parar y me compartieron algunas claves de esas que tienen números y con las que se comunican en carretera, aunque ya no recuerdo ninguna y francamente, tampoco las entendí. Sugirieron que no fuera tan confiada y que aprendiera a observar a las personas, que me cuidara y no utilizara la reserva automática y lo recomendable era saber quién te acompaña en el viaje… tanto como en la vida. Eso sí me hizo sentido.

El viaje se fue como agua. Dos de ellos bajaron en el puerto de Veracruz y dos más siguieron hasta Tabasco conmigo. ¡Qué gran lección!, pensé; nos juzgamos sin conocernos. Ellos pensándonos limitadas a las mujeres y yo tachándolos de misóginos.

Solo pensé en que estos extraños y corpulentos hombres, me habían enseñado en un par de horas cosas que, en otro escenario, quizá jamás habría aprendido. Me despedí de ellos con un fuerte apretón de manos y segura estaba que ellos también habían roto ciertas creencias al respecto de nosotras.

Abordaron dos personas en la siguiente parada. Una de ellas no saludó al subir al auto y se mantuvo en silencio el resto del viaje. No acostumbro obligar a las personas a convivir. La aportación económica que hacen para el viaje no los obliga a conversar, si no lo desean. A veces el viaje te da la oportunidad también de ordenar tus ideas, así que, una vez más, honré el silencio. Sin embargo, le di el lugar de copiloto a un joven de Colima, quien estaba de paso por el puerto de Veracruz y deseaba conocer

Tabasco. Me enteré, durante la charla, que estudiaba administración de empresas en una universidad digital porque odiaba la rutina, los horarios y, sobre todo, despertarse temprano, ya que tomaba todas las noches, un medicamento controlado para manejar la ansiedad y los ataques de pánico que, sin avisar, llegaban con frecuencia, en el transcurso de su día.

El primer episodio de ansiedad que tuvo fue durante un cumpleaños familiar. Experimentó punzadas en el pecho mientras sentía que su corazón se iba a detener. Sudó y sintió escalofrío desarrollando un miedo irracional frente a la muerte, el cual lo acompañó durante la siguiente década, pues apenas contaba con 12 años cuando esto pasó.

Todo el mundo le decía que se tranquilizara y que eso que sentía iba a pasar. Él solo se sentía incomprendido e invalidado en su sentir. Descubrió que en momentos de ansiedad su vulnerabilidad aumentaba. Su vida no fue nada fácil; pasó por hospitales psiquiátricos, terapias ocupacionales, alternativas, farmacológicas, hasta con chamanes y hierberos, de limpia en limpia, desde la espiritual hasta el aura. Es más, hizo una introspección al vientre materno, un viaje en ayahuasca y una constelación familiar. Todo eso pasó en los diez años posteriores, mientras elegía su carrera y se refugiaba en el fútbol, la música, su familia y la terapia.

Aprendió a tocar la guitarra acústica, la eléctrica, el teclado y todo instrumento que pasara por sus manos, incluyendo la flauta. El fútbol se convirtió en el primero de sus sueños frustrados; estaba dispuesto a presentarse a todas las pruebas a las que fuera convocado por los clubes de su estado. Sin embargo, su disciplina y constancia no eran suficientes. Más de una vez, su entrenamiento debió suspenderse por un ataque de pánico. Cada día veía más lejos, el alcanzar su sueño. Me contó también que dejó de salir solo por mucho tiempo e incluso se quedaba dormido, después de sus crisis, apretando la mano de su madre. En algunas ocasiones, ella despertaba al sentir su respiración y se ponía de pie para caminar juntos, en plena madrugada, hasta que la crisis pasaba.

La dosis de medicamento controlado se ajustaba periódicamente y eso hacía que el chico de Colima desapareciera, por semanas enteras, de la escuela, hasta que su cuerpo aceptaba la nueva dosis de medicamento.

La primera vez que tuvo novia creó fuerte dependencia con ella. Realmente, él establecía dependencia, sobre todo, a la compañía. Le asustaba estar solo y ahora se veía tan libre, independiente y feliz. Se acostumbró a vivir con la ansiedad, en la incertidumbre del momento en el que sucedería un ataque de pánico que arruinara sus planes y, sin embargo, elegía vivir. Me decía que tenía dos hermanas fuertes y seguras, pero, a pesar de su condición masculina, él se sentía frágil y parte de la llamada generación de cristal. A veces sentía pena ante los reclamos de su padre, quien le exigía valentía y él solo quería un poco de empatía ante su condición.

El chico de Colima no recuerda el momento exacto en que pasó, pero un b día soltó en un rincón la guitarra eléctrica sin cuerdas, el entrenamiento de fútbol, las terapias y la universidad. Soltó todo vínculo con el mundo y su habitación se convirtió en su refugio más seguro. Sin embargo, quedaba un hilo, casi imperceptible, que lo sostenía a la "normalidad" y de ahí se sujetó, aun cuando seguía inmerso en una explosión de emociones. Decidió, por su cuenta buscar la manera de sanarse de a poco y aprender a vivir con lo que había. Nadie elige la vida que le toca vivir, en serio que no, pero sí podemos hacer mucho por mejorarla.

La terapia, sin duda, le había proporcionado herramientas para enfrentar su estado emocional pero gran parte era su deseo de existir. No sabía en qué momento su corazón se iba a acelerar, pero sí sabía qué hacer para calmarlo. Ahora era libre, no dependía de que su madre tomara su mano y caminara en las madrugadas a su lado. Él, a su corta edad, había aprendido a ser paciente consigo mismo, a hablarse con amor y darse confianza y seguridad. Ésta era ya su normalidad, la única que tenía y con la que seguramente viviría el resto de sus días.

Por primera vez no tuve palabras para el chico de Colima. Se me iba el aliento a ratos y mi garganta estaba hecha nudo. No cabe duda, los chicos tienen su propia sabiduría y su personal manera de afrontar los retos de la vida.

El chico de Colima no se enteró de que la conductora de su viaje era una mujer ansiosa del tiempo, que siempre tenía prisa por llegar a algún sitio, por ser reconocida y validada y que corría de un lado a otro, sin tener claro hacia dónde o para qué iba. El chico ignoraba que cada palabra no solo me hacía sentido a mí, sino al resto de los pasajeros, quienes iban en absoluto silencio, atentos a la charla. Mencionó que estaba viajando solo porque antes no se había atrevido y que cada semana se ponía un reto distinto; algunos los cumplía, pero otros los abandonaba en el camino. Este viaje estaba a punto de concluir así que, anticipadamente le dije, felicidades, estás llegando a tu destino y aún falta mucho por andar. No te sueltes de ti, abrázate fuertemente como has aprendido a hacerlo. Fue la primera vez que me miró a los ojos… olvidé decirles que miraba al piso mientras hablaba y observaba de reojo la manera en la que yo conducía. Así que, con una sonrisa discreta me dijo gracias y se bajó en la siguiente parada. Sí, solo me dijo gracias. Creo que era un chico de pocas palabras o tal vez yo era una mujer que hablaba de más. Créanme que hasta la fecha no lo sé. Cada viaje me ha dado qué pensar y mucho de aprendizaje.

Bajaron el resto de los pasajeros y yo decidí caminar y buscar comida. El cuerpo dolía y la cabeza pesaba, tal vez porque había pensado demasiado en este viaje.

CAPÍTULO VII: Una nueva forma de viajar.

En uno de mis viajes más recientes conocí a la chica del cabello color de ébano. Una hermosa mujer aproximadamente de unos 27 años; su cuerpo era de una forma escultural; cualquier persona que sepa reconocer la belleza (aunque la belleza es relativa) se habría sentido cautivado ante la presencia de esta chica. Tenía unos enormes ojos oscuros y profundos y unas manos pequeñas, con una imperceptible lesión en la muñeca derecha. En esa ocasión yo viajaba al aeropuerto de la ciudad de México. Había planeado una salida especial; viajaría sola, como ya era costumbre, a uno de los lugares que deseaba conocer de niña. Mi larga lista no se limitaba al interior del país, sino que también soñaba con viajar al extranjero y conocer otras culturas y, aunque el idioma podía ser una barrera para un viaje internacional, estaba consciente de las apps de traducción, para estos casos. Hay tanto en el mundo digital por descubrir e incorporar en nuestra vida.

La chica reservó de última hora y llevaba consigo una pequeña maleta de ruedas y una bolsa de mano de marca reconocida. Portaba ropa deportiva ceñida al cuerpo y el cabello suelto, absolutamente lacio y brillante. Todo el tiempo miraba el celular, checaba las redes sociales mientras subía estados e historias de su trayecto, colocando uno que otro filtro a sus fotos, haciéndola ver mucho más linda, de lo que ya era. También, contaba uno a uno los likes y los alcances que tenían sus publicaciones. Le pregunté si le molestaba el aire acondicionado y con una amplia sonrisa me dijo que estaba bien, que no tenía problema con ello. ¡qué belleza de chica! La miré tan relajada y ensimismada a la vez, en su propio mundo, que pensé: "a leguas se ve que esta chica no tiene problemas con nada" en cambio yo, seguía hecha un nudo entre mis creencias, limitaciones y mi eterna sensación de soledad, que, por momentos se disipaba como espuma. En la primera oportunidad que tuve, inicié una conversación con ella.

- ¿A qué te dedicas? Le pregunté. Francamente, fue lo primero que se me ocurrió.
- Era empleada de base en una dependencia de gobierno, pero acabo de renunciar.

- ¿Renunciaste? Le dije abriendo impresionantemente los ojos. Cómo se puede dejar un empleo fijo y quedarse a la deriva, me dije para mis adentros. No entendía, cómo algunas personas vivían la vida soltando lo que, al menos para mí, representaba seguridad.
- Sí, la verdad ya estaba cansada de ese trabajo y me voy al extranjero a probar mejor suerte. Quiero ser modelo, tener tiempo para viajar y reunir dinero lo más rápido que pueda y poner un negocio, donde yo sea mi propia jefa y me mueva a mis tiempos. Tengo un hijo de 4 años se merece una mejor vida.
- Suena bien, le respondí, pero, ¿quién cuidará de tu hijo? Acaso ¿lo dejarás al cuidado de tus padres?
- Mi padre murió hace algunos años y no me parece justo dejarle la responsabilidad de la crianza de mi hijo a mi madre. Lo dejaré al cuidado de su papá. Ambos somos corresponsables de su educación y, aunque estamos separados, las decisiones sobre nuestro hijo las tomamos juntos. No estoy segura de cómo me irá, pero sí estoy clara en mi meta y mientras tenga claro lo que quiero será difícil extraviarme. Como decía mi abuela: *si tienes claro el cerro, no te detienes a recoger las piedras en el camino*, me dijo.
- Tienes razón en lo que dices, le contesté, pero me parece fuerte que abandones a tu hijo.
- Es temporal, me dijo y no lo estoy abandonando, se quedará con su padre. Lleva tres años conmigo y este año le tocará a él. Además, haremos video llamada todos los días y haré sus tareas con él cada tarde, así como también le contaré un cuento antes de dormir y le marcaré para despertarlo para ir al colegio. Por paquetería le haré llegar todo lo que necesite y, en su cumpleaños, estaré un mes completo con él; no nos despegaremos y regresaré otro tiempo al extranjero, hasta cumplir mi meta.
- ¿Cómo pudiste renunciar al trabajo? En estos tiempos, es tan difícil tener algo seguro. Ya vez que, en este tiempo, es complicado tener trabajo y sobre todo, un trabajo seguro.
- Llevaba años pensándolo, me dijo. Se me va la vida en una oficina de 9 a 6 y solo espero la llegada del fin de semana y así tener tiempo de hacer planes con mi hijo; vivo esperando periodos vacacionales puentes y días festivos y ya no quiero más de eso. La vida se vive, no se planea. Recuerdo que mi madre me decía que mi única responsabilidad era ser feliz y hacía mucho que había dejado de serlo, en ese trabajo.

La escuchaba tan segura que no me atreví, como siempre, a debatir su opinión. Siguió contando los likes en sus publicaciones y contestando los mensajes que registraba su celular. Cada vez que un mensaje le llegaba, el celular destellaba una luz que se volvía un distractor, mientras conducía.

No pude evitar pensar en ese pequeño que tendría, a partir de ese momento, una especie de mamá virtual, con convivencias on line y a un papá poniendo la lonchera todas las mañanas y llevándolo al colegio. Bueno, como bien lo decía la chica de cabello de ébano, también al padre le tocaba esa función y sería socialmente bueno contar con más papás involucrados en la crianza y el acompañamiento de sus hijas e hijos. Esta sería una excelente normalidad en las familias.

Llegamos al aeropuerto internacional de mi querido país y estacioné mi auto en la terminal dos. Aun no acababa de guardar mis cosas cuando miré a lo lejos un rostro conocido buscándome entre la gente, mientras yo lo evadía; total, en la distancia, las personas nos camuflajeamos. Ahora solo pensaba en la carretera, pues se había convertido en una mágica forma de vivir. La carretera era mi aliada y le daba cierta paz a mi vida: compañía, aventura, historias, sitios nuevos que me hacían sorprenderme, pláticas inimaginables sobre los problemas y las posibles soluciones entre pasajeros y conductores, con los que compartía el viaje y sin evitarlo, me iba enganchando. Cada historia de carretera me hacía reflexionar y cada viaje abonaba un grano de fortaleza a mi ser. Estaba creando una versión de mujer luchadora, libre y consciente de lo valioso de la existencia; había establecido vínculos afectivos sanos con mis pasajeros y compañeros de viaje, quienes dejaban de ser extraños para mí, abrían mi mente y me dejaban leer, entre líneas, en cada conversación, otras maneras de existir. Mi relación conmigo había mejorado también y el miedo frente a lo nuevo ya no me paralizaba; amaba incluso la soledad. Estaba sanando amorosamente, cada una de mis heridas y me encontraba dispuesta a enfrentar los retos del día a día. Ahora reía mucho más y la edad solo era un número. No deseaba detenerme… no todavía. Estaba encontrando el camino de regreso a mí.

Me perdí entre la multitud, dispuesta a pasar el filtro de abordaje a mi vuelo próximo a salir, olvidándome del chico de ojos profundos ya que, seguramente, encontraría nuevos extraños y quizá uno que otro acompañante, para un nuevo viaje. Pero esta vez mi aventura comenzaría en las alturas, en grande, así como me sentía en este momento. No miré atrás y ya no lo haría en lo sucesivo, pues todo, absolutamente todo, habitaba en mí. Con compañía o sin ella, esta vez me sentía una mujer plena, feliz…Completa.

Al adquirir este libro conoce la **historia que cambió mi vida,** accediendo a través de este QR.

Made in the USA
Middletown, DE
18 February 2025

71286460R00024